Anonymous

Ein Lustspiel in vier Aufzugen

Anonymous

Ein Lustspiel in vier Aufzugen

ISBN/EAN: 9783743424272

Hergestellt in Europa, USA, Kanada, Australien, Japan

Cover: Foto ©ninafisch / pixelio.de

Manufactured and distributed by brebook publishing software (www.brebook.com)

Anonymous

Ein Lustspiel in vier Aufzugen

Erster Aufzug.

Erster Auftritt.

(Ein Gastzimmer.)

Der Wirth. Die Wirthin. Kätchen.

Wirth.
Hurtig, rühr dich Weib! Der Postwagen wird bald ankommen. Mach, daß das Essen fertig wird, und die Passagiere nicht lange warten dürfen.

Wirthin. Schön gut, sey nur ruhig! An so etwas darf man die Frau Urschel auch noch erinnern. — Es ist schon lange alles fertig. Ja, wenn du mich nicht hättest, du würdest mit deiner Wirthschaft weit kommen! Wer würde die Küche besorgen? Wer dein ganzes Hauswesen in Ordnung halten? — Bete nur fleißig, daß Frau Urschel lange lebt, und übrigens verlaß' dich auf mich.

Wirth. Nu, nu, Urschel! sey nicht wunderlich! Ich hab es nicht so böse gemeint. Die Gerechtigkeit muß ich dir widerfahren lassen, daß du eine brave Wir=
thin

thin, bist. Mit dir da stirbt die Welt aus. Ich befürchtete nur, du hättest etwas vergessen.

Wirthin. Vergessen? ich etwas vergessen? Ey ja doch! die Frau Urschel vergißt auch etwas! Frau Urschel, die für das ganze Haus denkt.

Wirth. Das ist wahr! Das ist wahr!

Wirthin. Fix Kätchen! komm her! — Sey doch nicht so ungeschickt! Nimm ein Beispiel an deiner Mutter. O wie viel fehlt dir noch, eh du mir gleich kommst. In deinem Alter war ich schon eben so klug, als jetzt.

Wirth. Das will eben nicht viel sagen.

Wirthin. Frag nur deinen Vater, ob ich unerfahren und ein Neuling war, als er mich heurathete. Ich wußte mich den ersten Tag so gut drein zu finden, als jetzt. Nicht wahr Männchen?

Wirth. Ach das hab ich schon lange vergessen.

Wirthin. Was? Was?

Wirth. (zu seiner Tochter) Ja, das muß ich sagen — deine Mutter war ein erfahrnes Mädchen.

Wirthin. Höre Kätchen! Sollten junge Leute und gar Offiziers mit dem Postwagen kommen, so untersteh dich ja nicht, dich mit ihnen einzulassen. Wenn sie dich rufen, so thu, als hörtest du nicht.

Kätchen. Aber liebe Mutter, das wäre ja unhöflich.

Wirthin. Halts Maul! Willst du nichtsnütziges Ding etwas besser wissen, als deine Mutter? Ihr natürlicher Vater! Was das Ding klug thut! Du solltest nicht einmal wissen, was ein Mann ist. Sieh einmal an! Kommt ein junger Passagier, so ist Jungfer Kätchen gleich bei der Hand, ihn zu bedienen.

Wirth. Aber Weib, das ist ja ganz natürlich!

Wirthin. Natürlich? Ich finde es sehr unnatürlich. Sie soll die Alten bedienen — die Jungen sind meine Sache. Lieber Gott! Wie schwer ist es doch, ein
jun=

junges Mädchen zu hüten! — Und du Mann, mach, daß du in Keller und Stall kommst.

Wirth. Schon gut! Es ist schon alles besorgt. (Man hört ein Posthorn blasen) Stille Frau, ich höre den Postwagen kommen.

Kätchen. Mutter, Mutter! Der Postwagen kommt.

Wirthin. Hurtig, Mann! Lauf den Fremden entgegen. Du lieber Himmel, wie seh ich denn aus? Kätchen! He Kätchen! Sieh mich doch an, ob alles ordentlich an mir sitzt. Nun, fehlt etwas? (Der Wirth ab.)

Kätchen. Nichts liebe Mutter, gar nichts.

Wirthin. Noch einmal sag ich dir Kätchen, nimm dich in Acht! Folg hübsch deiner erfahrnen Mutter, und du wirst es nicht bereuen.

Zweiter Auftritt.

Vorige. Der Konducteur.

Konduct. Guten Tag, Frau Urschel!

Wirthin. Großen Dank, Herr Konducteur!

Konduct. Ihr Diener, Jungfer Käthel!

Kätchen. Dienerin, Herr Konducteur!

Konduct. Wie gehts, Frau Urschel? Immer munter? Immer lustig? Immer noch so schön? Ihr Herr muß eine rechte Freude haben, daß er ein so hübsches Weibchen hat.

Wirthin. Sie sind sehr gütig, Herr Konducteur!

Konduct. Hol mich der Teufel, Frau Urschel! Sie sind mir die liebste und schönste Wirthin, die ich auf dem ganzen Wege von Wien nach Berlin habe.

Wirthin. Gar zu gütig, Herr Konducteur!

Konduct. Die Hoffnung, Sie bald zu sehen, erleichtert mir alle Beschwerlichkeit der Reise.

Wirthin. Allzugütig, Herr Konducteur! Sie sind doch immer galant.

Konduct. (Wischt sich den Schweiß von der Stirne.)

Wirthin. Es ist heute sehr warm, Herr Konducteur. Möchten Sie sich nicht mit einem Gläschen Wein erfrischen? Käthchen! Hurtig, ein Glas Wein für unsern Herrn Konducteur. (Käthchen ab.)

Konduct. Frau Urschel ist doch wie gewöhnlich aufmerksam.

Käthchen. (Setzt den Wein auf den Tisch.) Hören Sie doch, Herr Konducteur! Was bringen Sie denn heute für Passagier mit?

Wirthin. Was das für eine Neugierde ist! Ich bin die Mutter, und habe noch nicht einmal darnach gefragt. Aber Jungfer Käthchen kann unmöglich warten. Marsch in die Küche! —

(Käthchen geht ab.)

Konduct. Ich kann der Frau Urschel versichern, daß mein Postwagen sehr gut besetzt ist.

Wirthin. So, wirklich Herr Konducteur?

Konduct. Ja Frau Urschel. Primo hab ich zwei Offiziers, einen Obristen und einen Rittmeister. Beide lustige Herren. Es fehlt ihnen auch nicht an Unterhaltung. Der Jude Abraham hat zu seinem großen Leidwesen seine Frau mitgenommen. Ferner hab ich einen Poeten und einen Schauspieler, die in beständigem Krieg mit einander sind, und eben so wenig mit ihren Meinungen zusammen kommen, als meine vier Wagenräder. Sie belustigen uns mit ihrem Streit nicht wenig.

Wirthin. Die bin ich begierig zu sehen.

Konduct. Nun kommt ein junger Herr, den ich von der vorletzten Station aufgenommen habe. Mit ihm unterhält sich ein alter Herr, der vor seiner Ankunft wenig sprach. — A propos Frau Urschel, es bleibt doch beim Alten, daß ich mit meiner Zeche frei durchgehe?

Wir=

Wirthin. Das versteht sich, Herr Konbukteur!
Konbukt. Sie sind doch immer ein liebes Weibchen! (geht ab.)

Dritter Auftritt.

Abraham führt seine Frau am Arm. Der Obriste und der Rittmeister folgen ihnen. Die Wirthin.

Abraham. O wai mir, Rachel! (zum Obrist) Euer Gnaden leben! geben mir Euer Gnaden Friede! Hätt ich das eher gewußt, ich wäre 14 Tage länger in Wien geblieben.

Rachel. Abraham sey doch gescheid! Die Herren werden mich ja nicht fressen.

Abraham. Das weiß ich, aber —

Obrist. Frau Rachel, ist ihr Mann so eifersüchtig? Pfui, schäm dich Abraham! Wir wollen deinem Weibchen nichts zu leide thun.

Abraham. Das glaub ich, aber mir. Hören Sie gnädiger Herr, bei uns ist nicht der Gebrauch wie bei den Großen, die oft ihre Weiber mit andern theilen; wir Juden haben unsere Weiber gern für uns allein.

Rittm. Abraham ist schlimm!

Obrist. Scherz bei Seite, komm einmal her Abraham! Mit einem Worte, was giebst du mir für den Ring?

Abraham. Der gnädige Herr Obrist spaßt. O wai mir! Wenn ich sollte geben für solchen Ring 900 Gulden, ich müßte gehn zu Grund.

Obrist. Sieh dir ihn recht an!

Rittm. (Spricht heimlich mit Rachel) Wahrhaftig Frau Rachel, ich beneide ihren Mann! Er erkennt und verdient sein Glück nicht.

Wirthin. Ja wohl! (zur Jüdin) Warum haben Sie ihn auch genommen?

Rachel. Was ist zu thun!

Obrist. Nun Abraham, besinn dich nicht lange. Wie viel giebst du?

Abraham. Soll ich sagen gnädiger Herr? Mit einem Worte 300 Gülden.

Rittm. Sagen Sie mir doch, wo Sie in Berlin wohnen, damit ich sie besuchen kann.

Rachel. Geben Sie sich keine Mühe. Mein Mann würde es nicht zugeben; er ist zu eifersüchtig.

Abraham. (Tritt zwischen den Rittmeister und seiner Frau) Gnädiger Herr, es ist umsonst — meine Frau versteht den Handel nicht.

Obrist. Aber sag mir Abraham, wie kannst du deine Frau so hergehn lassen? Schämst du dich nicht? Kannst du ihr nicht eine Tour und eine große Haube kaufen, wie es jetzt die Mode ist?

Abraham. Gott behüte!

Rittm. Sobald wir in Berlin ankommen, will ich ihr eine Tour und Haube kaufen; sie wird unstreitig die schönste Frau in Berlin seyn.

Rachel. Sie sind zu gütig.

Abraham. Was? Was hab ich gehört? Wai mir! Du wolltest dich unterstehn, eine Tour zu tragen? Gott der Allmächtige weiß, daß ich das nicht leiden werde. Ich werfe gewiß alles zum Fenster hinaus. Willst du, daß Jedermann mit Fingern auf uns zeigen soll?

Wirthin. Aber Herr Abraham, man sieht ja mehrere von ihnen so hergehn.

Abraham. Das ist mein geringster Kummer. Ich will nun einmal nicht. Warum soll meine Frau die Zahl der Närrinnen vermehren? O wai mir armen Abraham!

Rittm. Wahrhaftig Abraham, du bist nicht gescheut. Ich wundre mich nur, daß deine Frau so viel Geduld mit dir hat.

Wirthin. Was das für ein Mann ist! Man will seiner Frau einen Kopfputz schenken, und er will nicht. Ich wette, wenn man ihn mit einem beschenken wollte, seine Frau würde nichts dawider haben; nicht wahr, Frau Rachel?

Rachel. Nein, wahrhaftig nicht!

Abraham. Aber was gehts denn der Frau Urschel an? O wai mir! wenn die Reise noch länger dauern sollte, so wär ich verloren. Meine Frau würde zur Närrin, und der Abraham zu etwas mehr gemacht. —

Vierter Auftritt.

Vorige. Der Poet und der Schauspieler.

Schauspieler. Umsonst! ich will nicht! Wie können Sie verlangen, daß wir ein so elendes Stück aufführen sollen?

Poet. Was das für eine Noth ist! Ein Stück, das ich mit so vieler Mühe bearbeitet, und das mir Ruhm und Ehre erwerben sollte; — die andern Vortheile will ich nicht einmal erwähnen. Und das Stück gefällt dem Herrn nicht? O tempora! o mores! Nun so sagen Sie mir doch, was Sie für ein Stück haben wollen?

Schausp. Etwas Neues. Ein schönes Lustspiel, das voll Intrigue, und besonders einen guten Ausgang hat. Die Charaktere müssen gut gezeichnet und ausgeführt seyn. Ein gutes Stück, und keines von denjenigen, die kaum die erste Vorstellung aushalten, und so wenig Würze haben, daß man darüber einschlafen möchte. Mit einem Worte, es muß keine Aehnlichkeit mit andern Stücken haben, die wir, leider Gott, zu hundert heraus kommen sehen, und die wir mit eben so großen Widerwillen einstudiren, als sie das Publikum ansieht.

Obrist. Mein Seel, er hat ganz recht!

Poet. Wenn Ihnen also dies Meisterstück nicht gefällt, so hab ich noch mehrere im Vorrath.

Schausp. Zum Beispiel?

Poet. Das Weib, das ihren Mann, mit oder ohne seine Einwilligung betrügt, ein Lustspiel in 6 Aufzügen von Herrn Pegasus.

Obrist. Dazu braucht man nicht ins Schauspiel zu gehn; so etwas sieht man alle Tage in der Welt.

Poet. Also ein anders: Die Heurath aus Eigennutz.

Rittmeister. Leider Gottes ist das itzt gewöhnlich.

Poet. Also das auch nicht, nun so hören Sie: Kromwell, ein Trauerspiel in zwei Aufzügen, aus dem Englischen genommen.

Schausp. Nehmen Sie lieber eins aus Ihrem Kopf, und lassen Sie die Engländer in Ruhe. Beständig Nachahmungen!

Poet. (liest weiter) Hier, mein Herr; wenn Ihnen auch die nicht gefallen, so kann ich Ihnen nicht helfen. „Titus, oder der gute Kaiser" — das ist meine letzte Arbeit — das non plus ultra aller Trauerspiele.

Rittm. Herr Poet, wollen Sie von mir einen Gedanken zum Lustspiel haben?

Poet. Und der wäre?

Rittm. Der eifersüchtige Jude, oder Abraham auf der Diligence.

Abraham. Der gnädige Herr spaßt! Was thu ich in der Komödie? da giebts nichts zu handeln.

Wirthin. Warum nicht Abraham? Er würde keine üble Figur in der Komödie machen.

Poet. Gut, schön! Ich werde mich gleich darüber machen, und den Plan bearbeiten.

Abraham. Was haben Sie gesagt? Ist das Spaß oder Ernst? Haben Sie nichts bessers zu thun, als sich über mich lustig zu machen? Es giebt andere Gegenstände, die sich weit besser zu einer Komödie schicken.

Rittm. Nun, und die wären?

Abraham. Was weiß ich, gnädiger Herr. Leute, die uns Betrüger heißen, und sich doch nicht schämen, uns selbst zu betrügen; junge Leute, die von uns mit großen Interessen Geld borgen, und von denen wir weder Kapital noch Interessen zurück bekommen.

Obrist. Nicht so dumm, mein Seel, gar nicht dumm!

Poet. Mir ist alles recht — ich kann über alles schreiben.

Schausp. Ja, aber wie! Wie viel ungeräumtes Zeug mag da zu Markte kommen.

Fünfter Auftritt.

Vorige. Redlich und Freywell.

Redlich. (zum Poeten) Immer im Streit! Können Sie denn nicht einig werden? Grüß sie Gott, Frau Wirthin! Werden wir bald essen?

Wirthin. Es ist alles schon lange fertig; — wenn Sie befehlen, soll gleich angerichtet werden.

Obrist. Je eher je lieber! (Wirthin ab.)

Redlich. (zu Freywell) Lustig, junger Mann! warum so traurig?

Freywell. Wie schwer ist es, Freude auf dem Gesichte zu führen, wenn man Kummer im Herzen hat. (bei Seite) O Sophie! Sophie!

Redlich. Ich bin ganz eingenommen für den jungen Mann. Er muß geheimen Kummer haben, denn die

Traurigkeit ist seinem Alter nicht eigen. Nun Abraham, wie gehts?

Abraham. Schlecht, gnädiger Herr. Wenn das noch so fortgeht, wird meine Frau eine Närrin.

Redlich. Es ist nichts Abraham; — du verstehst nur keinen Spaß.

Abraham. Der Teufel möchte solchen Spaß verstehn. — Er könnte üble Folgen haben, und Gott der Allmächtige ist mein Zeuge, gnädiger Herr, daß Abrahams Nachkommenschaft durch mich keinen Schandfleck bekommen soll.

Rittm. Wie glücklich ist der Kerl, ein so hübsches Weib zu haben.

Redlich. Nicht so hitzig, junger Herr! nicht so hitzig!

Sechster Auftritt.

Vorige. Der Kondukteur. Der Wirth, die Wirthin und Kätchen bringen das Essen.

Wirthin. Meine Herren, es ist angerichtet.
Obrist. So setzen wir uns! (sie setzen sich bis auf Abraham und Rachel)
Rittm. Frau Rachel, setzen Sie sich zu mir!
Abraham. Das wäre schön! das fehlte mir noch! Bleib du bei mir Rachel.
Obrist. Was der Teufel! soll denn die Frau Rachel nicht essen?
Abraham. Sie wird schon essen, sorgen Sie nicht. Frau Wirthin, kann ich eine Schale schwarzen Kaffee bekommen?
Wirthin. Sogleich, sogleich! Nur einen Augenblick Geduld! (geht ab und bringt Kaffee)

Obrist.

Obrist. (zu Redlich) Alter Freund, Sie werden mir doch erlauben, daß ich Sie in Berlin mit meinem Vetter besuchen darf?

Redlich. Es wird mir angenehm seyn. — Meine Freunde sind mir allzeit willkommen.

Rittm. Abraham, du erlaubst doch auch, daß ich dir meine Aufwartung machen darf?

Abraham. Gnädiger Herr, ich bin selten zu Hause.

Rittm. Desto besser!

Abraham. Und wenn ich nicht zu Hause bin, nimmt meine Frau keinen Besuch an.

Wirthin. Er sollte mein Mann seyn, ich wollt es ihm schon begreiflich machen.

Redlich. (zu Freywell) Warum essen Sie nicht?

Freywell. Ich habe keinen Appetit.

Redlich. Was fehlt Ihnen?

Freywell. Nichts.

Obrist. Herr Poet, Sie sind sehr beschäftigt.

Schausp. Die Sprachwerkzeuge in Bewegung zu setzen.

Rittm. Abraham, wie schmeckt der Kaffee?

Abraham. Recht gut gnädiger Herr!

Rittm. Frau Rachel, ich bedaure Sie — Sie bekommen nichts zu essen.

Abraham. Sie ist nicht hungrig. Ich kenne meine Frau besser, und weiß am besten, was sie braucht.

Obrist. Frau Urschel, ist das Ihre Tochter?

Wirthin. Ja Herr Obrist. — Hübsch gerade Käthchen! Kopf in die Höhe!

Redlich. Sie ist recht artig.

Rittm. Artig? sie ist allerliebst! Frau Urschel, warum haben Sie uns Ihre Tochter nicht eher sehen lassen?

Abraham. Gut, jetzt wird meine Rachel Ruhe haben. Die Offiziers sind nur auf der Welt, die Väter und die Männer zu beunruhigen.

Redlich. Zu trinken!

Kätchen. Frau Mutter, den Alten darf ich doch bedienen?

Wirthin. Freilich wohl.

(Kätchen schenkt Redlich Wein ein.)

Rittm. Mir auch, schönes Kind.

Kätchen. Darf ich Mutter?

Wirthin. (leise) Untersteh dich! (reicht dem Rittmeister Wein)

Rittm. Jungfer Kätchen! he, Jungfer Kätchen! Frau Urschel, ihre Tochter ist sehr scheu.

Wirthin. Das thut nichts! (leise) Sieh ihn nur nicht an!

Wirth. Weib, sey doch gescheid. Ich traue dir, warum traust du deiner Tochter nicht?

Wirthin. Was das für ein Vergleich ist! — Du bist wohl nicht gescheid. Du kannst mir wohl trauen, aber ich kann deiner Tochter nicht trauen.

Wirth. (leise) St! wir sind nicht allein.

Abraham. Frau Wirthin, was kostet der Kaffee?

Wirthin. 3 Tassen Kaffee, die Tasse zu einen Groschen, und 1 Groschen Brod, macht 4 Groschen.

Abraham. Was? 4 Groschen? O wai! — Nu, da ist Geld. (zieht einen großen Beutel hervor)

Rittm. Wenn ich einmal Geld brauche, Herr Abraham, so werd ich mich an Sie wenden.

Abraham. Ich habe selbst zu wenig.

(Redlich und Freywell stehen auf.)

Redlich. (zu Freywell) Werden Sie sich lange in Berlin aufhalten?

Freywell. Ja!

Redlich. Wo werden Sie logiren?

Freywell. Ich weiß es noch nicht.

Redlich. Ich bitte bei mir abzusteigen, bis Sie ein Quartier haben.

Freywell. Ich danke Ihnen.

Redlich. Ich habe einen Vetter, der Sie überall herumführen soll.

Freywell. Seine Bekanntschaft wird mir angenehm seyn.

Redlich. Wenn man in einer fremden Stadt ankömmt, wo man keine Bekannte hat, so ist es gut, Freunde zu haben. Wenn ich nicht schon zu alt wäre, so würde ich mich anbieten.

Freywell. Ich weiß nicht, womit ich so viel Güte verdiene. (Es wird geblasen)

Konduft. Meine Herren, es ist angespannt. Wir können fahren, wenn es Ihnen beliebt. —

Obrist. Noch ein Glas auf die Gesundheit des Herrn Abraham.

Poet und Schausp. Ja, Abraham soll leben!

Abraham. Ich danke, ich danke! O wai! meine Marter geht wieder an. Armer Abraham! Was wirst du noch alles auszustehen haben! Rachel, sieh zu, daß du neben mir zu sitzen kömmst.

Rachel. Schon gut, mein lieber Abraham.

Abraham. Nur recht hübsch weit von den Offiziers.

Rachel. Ja, ja, lieber Abraham.

Abraham. Ich verspreche dir auch dafür eine reiche Haube, sobald wir nach Hause kommen.

Rachel. Ich bin nicht eigennützig.

Obrist. Die Rechnung Herr Wirth.

Wirth. Sogleich (schreibt auf den Tisch) 3 Thaler 14 Groschen.

Wirthin. Hast du auch nichts vergessen?

Wirth. Nein, Nein!

Wirthin. Sieh acht! — Rechne lieber einen Thaler mehr, als 10 Groschen weniger an.

Rittm. Wir sind unser 6, und die Person zahlt also — Abraham wieviel?

Abraham. Sogleich! 3 Thaler 14 Groschen. Dreimal 24 machen 72, und 14 dazu, machen 86, eingetheilt mit 6, da zahlt die Person 14 Groschen 4 Pfennig.

Obrist. Abraham kann gut rechnen.

Redlich. Hier Herr Wirth. (giebt ihm das Geld) Nun meine Herren, ists gefällig?

(Die Fremden, der Wirth und Kätchen gehn ab)

Siebenter Auftritt.

Die Wirthin allein.

Wieder was abgethan! Arme Rachel! was das für ein Unglück ist, wenn man einen eifersüchtigen Mann hat. Es ist wahr, ich kann mich über den Meinigen nicht beklagen; er ist mir nicht im Wege, und er hat recht; denn es wäre vergebliche Mühe. Wenn die Männer so klug wären, den Weibern zu trauen, sie kämen weit besser weg, als mit der Eifersucht. Was kömmt dabey heraus? wir sind so lange tugendhaft als man uns bewacht; läßt man uns aber einen Augenblick frey, so weiß der Himmel was alles geschieht.

Achter Auftritt.

Die Wirthin, Kätchen, der Wirth.

Wirthin. Nun, sind sie fort?

Wirth. Ja! —

Wirthin. (indem sie ein Glas vom Tische nimmt) Deine Gesundheit Männchen!

Wirth. Auch deine Weibchen?

Wirthin. Wie gefallen dir die Herren?

Wirth. Wie gefallen sie dir?

Wirthin. Der alte Kaufmann ist recht brav, und auch der Obrist.

Kät=

Kätchen. Und der junge Offizier, Mama?

Wirthin. Seht doch! Gleich der junge Offizier! Ei ja doch, man wird dir gleich einen auftischen. Ein junger Offizier! er gefällt also der Mamsell? fort, fort in die Küche! such dir da einen. Ein junger Offizier! ein Mädchen wie du, hätte ihn nicht einmal ansehen sollen. (Beiseite) Es ist wahr, er gefällt mir selbst — Das Mädchen hat keinen üblen Geschmack. Sie ist noch so jung und versteht sich schon auf die Männer. Daran erkenn ich meine Tochter.

Wirth. Was sagst du zum armen Abraham?

Wirthin. Warum läßt sich der Kerl auch einfallen, ein so hübsches Weib zu nehmen. Wär ich an ihrer Stelle, ich hätt ihn nicht geheurathet; ich wäre lieber mein ganzes Leben ohne Mann geblieben. —

Wirth. Weib! Weib! Wir müssen niemals versprechen, was wir nicht halten können. Komm zum Essen. (Alle ab.)

Zweiter Aufzug.

Erster Auftritt.

Sophie und ihre Tante.

(Zimmer auf den Land.)

Sophie. Er ist also fort?
Tante. Ja gestern.
Sophie. Und wohin?
Tante. Das weiß kein Mensch.
Sophie. Er ist fort, ohne mir ein Wort davon zu sagen.

Tante.

Tante. Vielleicht hat er keine Zeit gehabt, vielleicht haben ihn seine Geschäfte gezwungen, gleich fort zu reisen.

Sophie. Vorgestern Abend sagte er, mir nichts von dieser Reise.

Tante. Entweder ist ihm diese Reise unvermuthend gekommen, oder er hat sie verschwiegen, um dich zu schonen.

Sophie. O Karl! Karl! wenn du mich verläßt! wenn du mich hintergehen könntest! wem sollte man denn wohl mehr trauen!

Tante. Beruhige dich Sophie! wir können ja die Ursache nicht wissen. Aber es wird sich schon entdecken. Ich müßte mich sehr irren, wenn die Reise nicht zu seinem Vortheil wäre.

Sophie. Sein Betragen beweist, daß ich ihm sehr gleichgültig bin. Hätt er er mir nicht schreiben können?

Tante. Du bist sehr unbillig liebe Sophie. Freywell ist keiner Untreue fähig.

Sophie. Ich möchte es gerne glauben, weil es meinem Herzen schmeichelt; aber warum hat er für seine Sophie Geheimnisse? ich habe niemals welche für ihn gehabt.

Tante. Es giebt viele Dinge Sophie, wo es besser ist, wenn wir sie nicht erfahren. Man erspart uns dadurch vielen Kummer; und dies kann gerade der Fall seyn. Freywell liebt dich, davon bin ich überzeugt.

Sophie. Wenn er mich liebt, warum vertraut er mir seinen Kummer nicht? ich würde ihn mit ihm theilen; kann ich nicht helfen, so kann ich ihn doch trösten.

Tante. Geduld, nur Geduld! es wird sich alles geben.

Sophie. Geduld! das läßt sich leicht sagen liebe Tante. Aber wenn man liebt wie ich meinen Karl liebe, so ist Geduld ein schlechter Trost. O Karl! wie quälst du mich durch deine Zurückhaltung!

Zweiter Auftritt.

Die Vorigen. Ein Bursch bringt einen Brief.

Bursche. So eben hat der Bote den Brief gebracht.

Sophie. Ein Brief? gewiß von Karl! (sie nimmt den Brief liest die Aufschrift.) Nein, er ist an Sie.

Tante. (Liest) Liebe Schwester, endlich hab ich meine Geschäfte abgethan und bin wieder in Berlin. Ich möchte dich und meine Tochter wieder sehen. Mach also, daß du mit ihr nach Berlin kommst. — Komm Sophie, wir wollen im Garten weiter davon sprechen. (beide ab.)

Dritter Auftritt.

Franz allein. (Redlichs Wohnung.)

Endlich ist mein guter Herr wieder da! Gott sey gedankt! er scheint mir recht gesund zu seyn. Was das Hauswesen anbelangt, soll er, hoff ich, alles in Ordnung finden; aber was wird der gute Herr sagen, wenn er die Aufführung seines Neffen hört. — Von mir soll er gewiß nichts erfahren. Ich könnte es nicht übers Herz bringen, dem lieben Herrn durch meine Erzählung seine empfindlichste Seite zu berühren. Das ist das einzige Geheimniß, das der alte Franz für seinen Herrn hat. Böser junger Mensch! die Güte seines Wohlthäters so zu misbrauchen! ich kann mich nicht genug wundern, daß mein Herr gerade den gewählt hat. Nicht genug, daß er ihn aus dem äussersten Elend gerissen, als seinen Neffen ins Haus genommen; er liebt ihn auch wie seinen Sohn. Und Gott weiß, was einst seine Belohnung seyn wird. O Jugend! Jugend!

Vierter Auftritt.

Franz. St. Felix.

St. Felix. Was macht mein Onkel? schläft er noch?

Franz. Nein, ich glaube er wird bald hier seyn.

St. Felix. Verdammt! heute kommt er mir gerade am ungelegensten.

Franz. So? schön!

St. Felix. Ich hätte heute bei einer Partie de plaisir seyn können die ich seinetwegen aufgeben muß.

Franz. Schön, schön! Sie sind also mit der Ankunft Ihres Onkels gar nicht zufrieden?

St. Felix. Das nun eben nicht! aber denk nur Franz, eine so schöne Partie aufzugeben, bei der ich mich so gut hätte unterhalten können.

Franz. Ja ja sie haben ganz recht. Ich würde es Ihrem Onkel niemals verzeihen, daß er nach einer Abwesenheit von 6 Monaten, ohne die Erlaubniß seines Neffen sich untersteht, gerade an dem Tage wiederzukommen, an dem Sie eine Lustpartie machen wollen. Erlauben Sie mir junger Herr, eine Frage zu thun.

St. Felix. Laß hören!

Franz. Was werden Sie Ihrem Onkel zur Antwort geben, wenn er sie fragt, womit Sie sich während seiner Abwesenheit beschäftigt haben?

St. Felix. Wo steht denn das geschrieben, daß ich ihm von allen meinen Handlungen pünktliche Rechenschaft ablegen muß? ich bin jung und muß meines Lebens genießen. Genug daß ich meine Zeit gut angewendet habe.

Franz. Dies wäre! wie denn?

St. Felix. Hab ich nicht tanzen und fechten gelernt? besuch ich nicht fleißig die Reitschulen? und muß mir nicht jedermann einraumen, daß ich der einzige in Berlin bin, welcher sich mit Geschmack kleidet?

Franz.

Franz. (den Kopf schüttelnd) Sonst nichts?

St. Felix. Ich weiß ein Schauspiel am besten zu beurtheilen. Wer versteht wohl besser eine Partie de plaisir zu ordnen als ich?

Franz. Das ist alles nichts; damit kommen Sie nicht weit. Glauben Sie es dem alten Franz, der mehr Erfahrung hat. Ihre Aufführung ist sehr zu tadeln. Und wenn Ihr Onkel darnach fragt, so werde ich ihm gewiß die Wahrheit sagen.

St. Felix. Aber was hast du denn an meiner Aufführung auszusetzen? mein Onkel reist fort, und giebt mir nicht mehr als 50 Dukaten monatlich zu meinem Taschengeld. Wie kann ich damit auskommen? ich brauche Equipage; ein Paar Reitpferde, schöne Kleider und tausend Kleinigkeiten, um nach der Mode zu seyn. Mir fehlt Geld, also muß ich mich wohl an ehrliche Leute wenden, die mir für mäßige Interessen aus der Noth helfen. Und dadurch erspare ich meinen Onkel die Mühe, mir oft Geld zu geben. Ich mache ihm doch Ehre. Uiberall wo man mich sieht, ruft ein jeder: das ist der Neffe des Kaufmann Redlich! bedenk das Franz!

Franz. Das ist eine Ehre, auf die Ihr Onkel eben nicht stolz seyn darf. Es würde ihm mehr Vergnügen machen, wenn man sagte: daß ist der gescheide und bescheidene Neffe des Kaufmanns Redlich.

St. Felix. Aber Franz, du predigst doch unaufhörlich.

Franz. Weil ich Sie vernünftig und Ihres Onkels würdig sehen möchte.

St. Felix. A propos Franz, kennst du den jungen Menschen, der gestern mit meinem Onkel angekommen ist, und dem er mit so vieler Achtung begegnet?

Franz. Ich kenne ihn nicht, aber ich höre sie kommen. (ab.)

Fünfter Auftritt.

Redlich. Freywell. St. Felix.

Redlich. Nun junger Mann, wie haben Sie nach der gestrigen Bewegung geruht?

Freywell. Recht gut, aber Sie haben es durch Ihre Güte sich selbst zuzuschreiben, wenn ich Ihnen Ungelegenheit mache.

Redlich. Hier stell ich Ihnen meinen Neffen vor. (zu St. Felix) Betrachte künftig diesen Herren als meinen Freund und deinen Bruder.

Freywell. Ich bitte um Ihre Freundschaft mein Herr.

St. Felix. Meines Onkels Freunde sind auch die meinigen.

Redlich. Mein Neffe soll Sie überall begleiten, und ich hoffe, seine Gesellschaft wird Ihnen nicht unangenehm seyn.

Freywell. Ich zweifle keinen Augenblick. Er ist Ihr Neffe und so brauchts keiner weitern Empfehlung.

Redlich. (zu St. Felix) Kleide dich an und mach dich fertig den Herrn zu begleiten.

St. Felix. Erlauben Sie mir nur noch ein kleines Geschäft in Ordnung zu bringen — ich bin gleich fertig. (ab.)

Sechster Auftritt.

Redlich. Freywell.

Redlich. Was ist Ihnen junger Mann? es fehlt Ihnen was — Sie sind so in Gedanken. Das ist bei Leuten ihres Alters nicht gewöhnlich. Sie haben gewiß ein Geheimniß auf Ihrem Herzen. Vertrauen Sie sich mir. Ich bin Ihr Freund; bin ich im Stande Ihr Schicksal zu erleichtern, so verlassen sie sich auf mich.

Frey=

Freywell. Sie überhäufen mich mit Güte. Ich finde in Ihnen ganz meinen guten Vater, den ich gestern verlassen habe — Seyn Sie meiner Erkenntlichkeit versichert.

Redlich. Weniger Erkenntlichkeit und mehr Zutrauen. Sie haben Kummer — Entdecken Sie ihn mir.

Freywell. Großmüthiger Mann! Ich müßte undankbar seyn, wenn ich noch länger anstünde, Ihnen mein Herz zu eröfnen. Aber leider ist mir nicht zu helfen — ich bin bestimmt unglücklich zu seyn.

Redlich. Die Sprache junger Leute; in Ihren Jahren habe ich auch so geredet. — Wenn es nicht gleich nach meinem Kopfe gieng, so war ich unglücklich. Aber lassen Sie doch Ihr Unglück hören.

Freywell. Hören Sie erst wer ich bin. Ich habe mein Daseyn dem Grafen Freywell zu danken.

Redlich. (erstaunt) Freywell?

Freywell. Ja. Meine Mutter zog ihn aus Eitelkeit einen jungen Kaufmann vor, der sie sehr liebte, und mit dem sie vielleicht glücklicher gewesen wäre.

Redlich. Grausame Erinnerung!

Freywell. Sie entfloh mit meinem Vater; sein ganzes Vermögen ward bald aufgezehrt. Ich bin die einzige Frucht dieser unglücklichen Ehe. Der Vater meiner Mutter starb einige Jahre darauf, ohne ihr was zu hinterlassen. Sie war also genöthigt, durch ihre Handarbeit unser Leben zu fristen. So hart auch ihr Schicksal war, so ertrug sie es doch ohne zu murren. Länger konnt ich ihr Elend nicht ansehen. Ich verließ sie gestern, und suche nun durch Freunde hier in Berlin angestellt zu werden, um meinen Eltern in ihren alten Tagen Hülfe leisten zu können.

Redlich. Haben Sie denn hier Freunde, zu denen Sie ihre Zuflucht nehmen können?

Freywell. Mein Großvater war hier sehr bekannt, und mein Vater hatte hier einige Freunde. Ich bin also willens diese aufzusuchen, und hoffe, daß sie mein Vorhaben unterstützen werden.

Redlich. Sie irren sich junger Mann, Sie irren sich. Lernen Sie die Welt besser kennen. Heut zu Tage macht Geld alles, und wer das nicht hat, hat auch keine Freunde.

Freywell. Leider haben Sie recht. Aber ist es nicht Pflicht von mir, kein Mittel unversucht zu lassen? Benehmen Sie mir nicht alle Hoffnung.

Redlich. Sie schmeicheln sich umsonst; ich kenne die Menschen besser.

Freywell. Rathen Sie mir also, was zu thun ist.

Redlich. Mich als Ihren Freund anzusehen, und Ihr Schicksal ganz in meine Hände zu legen.

Freywell. Wär es möglich! O Freund! Alle Worte sind zu schwach, Ihnen meinen Dank auszudrücken. — Ich fühle mehr als ich Ihnen sagen kann. Ich nehme Ihr gütiges Anerbieten an, und vertraue mich Ihnen ganz. Nur bitt ich Sie, Freund, vergessen Sie nicht, daß meine Eltern im Elend leben.

Redlich. (ihm die Hand drückend.) Ich werde es nicht vergessen! — Noch eins! — Warum suchen Sie nicht Militärdienste?

Freywell. Haben Sie vergessen, daß ich kein Vermögen habe?

Redlich. Ist das die einzige Schwierigkeit?

Freywell. Die einzige.

Redlich. Gut, gehen Sie mein Neffe wird Sie erwarten. (Freywell ab).

Siebenter Auftritt.

Redlich (allein).

Guter, herrlicher Junge! Deine schöne Handlung verdient Belohnung, und die soll dir werden. (nachdenkend) Bravo!

Bravo! Das war ein guter Gedanke! — Der Obriste ist mein Freund, er hat ein Regiment, ich gehe noch heute zu ihm. Heute, noch heute solst du glücklich werden, wenn es in meiner Macht steht.

Achter Auftritt.
Redlich und Franz.

Franz. Der Herr Obrist Wacker will sie sprechen.
Redlich. Ich erwarte ihn. (Franz ab) Er hätte mir nicht gelegener kommen können.

Neunter Auftritt.
Redlich. Obrist Wacker.

Obrist. Guten Morgen alter Freund! Aus meiner Eilfertigkeit können sie schliessen, wie gern ich Sie besuche. Bin ich nicht zu früh gekommen?
Redlich. Meine Freunde sind mir immer willkommen, und Sie wissen, daß Sie zu der Zahl gehören.
Obrist. Das hoff ich, das hoff ich! Geben Sie mir nur bald Gelegenheit es Ihnen zu beweisen; denn bei jetziger Zeit misbraucht man das Wort. Stellen sie mich auf die Probe, und Sie sollen sehen, daß der Obrist Wacker nichts verspricht, was er nicht halten will.
Redlich. Ich nehme Sie beim Wort. Sie können mir einen grossen Gefallen thun.
Obrist. Nur heraus damit, heraus damit!
Redlich. Haben Sie bey Ihrem Regiment, eine Stelle offen?
Obrist. Ja, ich habe eine.
Redlich. Haben Sie sie schon versagt?
Obrist. Dann hätt ich sie ja nicht mehr zu vergeben. Wacker verspricht nur einmal.

Redlich.

Redlich. Darf ich Sie um diese Stelle bitten? Ich kenne einen jungen Menschen, der seinem Herrn gern dienen möchte — Er ist vom Stande, wohl gewachsen, und mein Freund.

Obrist. Das letzte ist die beste Empfehlung. Ohne Zweifel ist seine Aufführung gut?

Redlich. Dafür bürg ich. Machen Sie nur, daß er die Stelle bekommt, es koste, was es wolle.

Obrist. Pfui Freund! pfui! Sie beleidigen mich. Hätt er sonst kein Verdienst als Geld, er bekäme die Stelle nicht, und wenn er den Sohn eines Lords wäre. (beiseite) die Leute glauben, daß man eine Offiziersstelle wie eine Elle Tuch kaufen kann. — Ists etwa Ihr Neffe?

Redlich. Nein, es ist der Graf Freywell, für den ich mich nicht weniger interessire.

Obrist. Gut, er soll die Stelle haben; aber umsonst Freund! umsonst!

Redlich. Sie wissen nicht, welchen Dienst Sie mir dadurch leisten.

Obrist. Es freut mich, daß ich Ihnen einen Beweis meiner Freundschaft geben kann.

Redlich. Noch eine Bitte. Haben Sie die Güte, diese Versicherung dem jungen Mann in einer halben Stunde schriftlich zu schicken; es geschieht mir ein grosser Gefallen damit. Sie kennen ihn schon; es ist der junge Mann, mit dem ich mich gestern auf dem Postwagen beständig unterhielt. Er wohnt bei mir.

Obrist. Ich werde Ihr Verlangen gleich befriedigen. Adieu! (ab.)

Zehnter Auftritt.

Redlich. (allein)

Das geht erwünscht! Der wäre versorgt! Bis jetzt hab ich aber erst das halbe Geschäft abgethan. Nun ist es Zeit an seine Eltern zu denken. Ich will ihnen gleich etwas

etwas vor der Hand schicken. — Wie stell ich es aber an, daß ich unerkannt bleibe? — Das wird sich finden.

Eilfter Auftritt.
Redlich. Franz.

Redlich. Nun Franz, was giebts? Wie bist du mit meinem Neffen zufrieden?

Franz. So, so! nicht sonderlich.

Redlich. Wie? Hat er etwa eine Unbesonnenheit angestellt? I nun, laß ihn gehen! Jugend muß ausbrausen. Kommt er erst in unsere Jahre, er wird schon nachlassen.

Franz. (beiseite.) Der brave Herr!

Redlich. Ich will indeß nicht hoffen, daß er einen schlechten Streich gemacht hat?

Franz. Nein, so habe ich es nicht gemeint, (beiseite) Ich will den guten Herrn nicht kränken. (laut) Aber warum sind Sie diesmal so lange ausgeblieben?

Redlich. Ich hatte ein wichtiges Geschäft, daß ich zu Ende bringen wollte. Es ist mir gelungen. Nun aber hab ich ein weit wichtigers vor mir. Meine Tochter ist noch nicht versorgt, und in einem Alter, wo ich ernstlich auf ihre Verheurathung denken muß. Ich glaube mein Neffe wäre kein üble Partie für sie. Was meinst du?

Franz. Ich zweifle sehr, daß er Ihre Tochter glücklich machen wird. Er ist mir zu lüftig. Stellen Sie ihn erst auf die Probe, und Sie werden finden, daß Franz recht hat.

Redlich. Ihr scheint eben nicht die besten Freunde zu seyn. Gewiß hat er etwas angestellt?

Franz. Noch einmal, glauben Sie Ihrem alten Diener, Ihr Neffe ist kein Mann für Ihre Tochter.

Redlich.

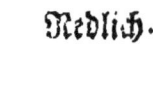

Redlich. (für sich) Dahinter steckt gewiß etwas; das muß ich zu erfahren suchen.

Zwölfter Auftritt.
Redlich. Franz. Der Poet.

Franz. Was ist das für ein Gesicht?

Poet. Ist es einen demüthigen Diener von Euer Hochedelgeborn erlaubt, seine Schuhsohlen mit dem Staube Ihres Zimmers zu veredlen?

Redlich. Ah, sieh da, Herr Poet Pegasus! Nur näher! nur näher!

Poet. Ihre Erlaubniß legt mir den Harnisch der Dreustigkeit an, und ich nehme meine Zuflucht zu Ihnen, wie van der Noot zu den Holländern. Ach! die Göttin Fortuna hat mir den Rücken zugedreht, und den armen Pegasus stolpern lassen.

Franz. Der Kerl ist närrisch!

Redlich. Was ist Ihnen geschehen Herr Poet?

Poet. Ich bin verloren, ohne Rettung verloren, wenn Sie sich meiner nicht annehmen. Hören Sie, erstaunen Sie und bedauern Sie mich. Mein Ruhm war im ganzen römischen Reich, in Böhmen, Ungarn, mit einem Worte, in ganz Europa bekannt. Pegasus dramatische Werke waren von Osten bis Westen, von Norden bis Süden bekannt. Berlin war der einzige Ort, wo ich mich noch nicht produzirt hatte. Um nun auch hier nicht unbekannt zu bleiben, schreib ich ein Lustspiel in schrecklichen Alexandrinern, und schicke es nach Berlin. Man nimmt es an, und gestern war die erste Vorstellung. Eine innerliche Empfindung sagte mir das mein Stück den größten Beyfall erhalten soll, ich kann mir die Freude nicht berauben, mein Kind aufführen zu sehen, ich kam nach Berlin, und gieng sogleich in das Theater. Ich war ausser mir vor Freude und konnte kaum das Ende erwarten;

erwarten, denn ich war verfichert, daß das Publikum nicht unterlaffen würde, den Autor heraus zurufen. Meine Vermuthung traf richtig ein. Kaum fiel der Vorhang, so schrie alles nach dem Autor. Noch taumelte mein Fuß im Labyrinthe des Zweifels, ob ich mich in Verfen oder in Profa bedanken follte. Ich komme und — man pfeift mich aus.

Franz. Das war fehr undankbar.

Poet. Ich war quaſi wie vom Donner gerührt! Um meine Ehre zu retten; ſetze ich mich noch die Nacht nieder, und ſchreibe ein ganz neues Stück in 5 Akten.

Redlich. Der Teufel! Sie müſſen ihren Pegaſus recht geſpornt haben.

Poet. Das ſind nur Kleinigkeiten für mich! Kaum war mein Stück fertig, so eil ich zum Prinzipal. Ich finde die ganze Gesellschaft verſammelt, hole mein Manuscript hervor, und lese es ihnen mit allen Feinheiten und Nuancen vor. Und was war der Effect davon? Sie lachten mich aus. O miraculum miraculorum! Aber ich werde mich rächen! So wahr ich Pegaſus heiße, ich werde mich rächen! Sie sollen ſehen, was ein aufgebrachter Poet vermag.

Redlich. Wie nennt ſich denn Ihr Wunder von Stück?

Poet. Schon der Titel iſt eine große Empfehlung.

Redlich. Nun ſo laſſen Sie doch hören!

Poet. Van der Noots Ankunft in der Hölle.

Franz. Das muß luſtig ſeyn.

Poet. Im erſten Akt ſtellt das Theater den Tartarus oder die Hölle vor. Pluto ſitzt auf ſeinem Thron, und neben ihm Aeacus, Minos und Radamanthus.

Franz. Wer ſind die Herren?

Poet. Die Richter der Hölle. Man meldet Pluto die Ankunft des van der Noot. Er kommt und begehrt eine Belohnung für all die Dienſte, die er in der

Oberwelt der Hölle geleistet hat. Sein Verlangen wird ihm abgeschlagen, und von der Noot sagt: ich sehe, ihr seyd eben so unbarmherzig gegen mich als die östreicher Husaren. Aus dem Anfang können Sie schließen, wie viel Interesse das ganze Stück hat. Und doch will man es nicht annehmen. So einen verborbenen Geschmack hätt ich in Berlin nicht gesucht. Ich will auch nicht länger in einer Stadt bleiben, wo man meine Talente so verkennt. Eh ich aber diese Undankbaren verlasse, hab ich nicht unterlassen können, mich Ihnen zu empfehlen und —

Redlich. Ich verstehe Herr Poet, ich verstehe! Hier haben Sie ein kleines Reisegeld.

Poet. Ich danke unterthänigst. Als Beschützer der Talente geruhen Sie sich das Opfer eines kleinen Gedichts gefallen zu lassen.

Redlich. Ersparen Sie sich die Mühe!

Franz. Ja ja Herr Poet! Ihr Gedicht könnte eben so ein Schicksal haben, als ihr gestriges Stück.

Redlich. Glückliche Reise Herr Poet!

Poet. Ich streue den Weihrauch des Dankes auf die glühenden Kohlen meiner Ergebenheit, und verharre mit aller Erkenntlichkeit und Ehrerbietung Dero dienstschuldigst ergebenster Diener Sebastian Pegasus. (geht ab, Franz ihm nach.)

Dreizehnter Auftritt.
Redlich und Freywell.

Redlich. Schon zurück?

Freywell. Ja, Ihr Neffe hatte zu thun, und ich wollte ihn von nichts abhalten.

Redlich. Wo sind Sie gewesen?

Freywell. Im Thiergarten. Der Rittmeister, der uns begegnete, hat uns Gesellschaft geleistet.

Redlich. Wie gefällt Ihnen mein Neffe?

Freywell. Er ist sehr unterhaltend.
Redlich. Haben Sie sich ein wenig aufgeheitert?
Freywell. Ich habe mein ganzes Vertrauen in Sie gesetzt, und das ist eine große Erleichterung für meinen Kummer.
Redlich. Mein Wunsch wäre, Sie so glücklich zu machen, als Sie es für Ihre kindliche Liebe verdienen.
Freywell. Womit werde ich eine so große Schuld bei Ihnen abtragen.

Vierzehnter Auftritt.

Vorige. Franz.

Redlich. Was giebts Franz?
Franz. Ein Korporal hat diesen Brief gebracht.
Redlich (liest) A Monsieur, Monsieur le Comte de Freywell. — Freund, der Brief ist an Sie.
Freywell. An mich? Wie käm ich dazu? Ich kenne hier Niemanden.
Redlich. Lesen Sie, lesen Sie und sagen Sie mir, was er enthält.
Freywell. (liest) „Mein Herr! der König ernennt Sie zum Unterlieutenant bei meinem Regiment, das in Neiß liegt. In 6 Wochen müssen Sie einrücken. Ich hoffe, Sie werden sich bestreben, den guten Ruf zu erhalten, und uns in unserer guten Meinung bestärken, die wir von ihnen haben. Seyn Sie meiner Hochachtung versichert. Ich bin Ihr Freund und Obrister. Wacker.
Redlich. Nun? was sagen Sie dazu?
Freywell. Was ich dazu sage? Ich sage, daß es entweder ein Irthum oder ein Scherz seyn muß.
Redlich. Was wollen Sie thun?
Freywell. Diesen Brief dem Obristen zurückschicken.
Redlich. Ich bin nicht Ihrer Meinung.
Freywell. Was würden Sie an meiner Stelle thun?

Red=

Redlich. Ich würde die angetragene Stelle annehmen.

Freywell. Wenn ich unabhängig wäre, wenn ich meiner Neigung folgen dürfte, würd ich es thun: so aber darf ich nicht vergessen, daß ich Eltern habe, die meiner Hülfe bedürfen. Und hab ich Ihnen nicht schon gesagt, daß es mir an Vermögen fehlt, mich im Militärstande zu erhalten?

Redlich. Und haben Sie vergessen, daß ich mich angetragen habe, Ihr Freund zu seyn? Sie würden mich beleidigen, wenn Sie sich länger weigern wollten, von meinem Anerbieten Gebrauch zu machen.

Freywell. Ich bin unvermögend Ihnen zu danken. Wodurch hab ich so viel Güte verdient.

Redlich. Nichts von Dank! Ich bin belohnt genug, daß ich Gelegenheit habe, einem Mann von Ihrer Denkungsart zu helfen. Und sind Sie ein eben so eifriger Vertheidiger Ihres Vaterlandes, als Sie ein guter Sohn sind, so bin ich doppelt belohnt. Der Himmel hat mir ein Vermögen gegeben, daß für mich allein zu groß wäre. Und wie kann ich es besser anwenden, als die unglückliche Tugend zu unterstützen?

Freywell. Sie öfnen mir die Augen. Ich sehe nun, daß ich Ihnen ganz allein mein Glück zu danken habe. Großmüthiger Mann! was kann ich thun, um Ihre Wohlthat zu verdienen?

Redlich. Nichts als sie annehmen und schweigen.

Freywell. Aber —

Redlich. Schweigen ist die Bedingung!

(Beyde ab)

Franz. O welche Freude einem solchen Herrn zu dienen! Das macht mich alten Kerl um 20 Jahr jünger.

(ab)

Drit=

Dritter Aufzug

Erster Auftritt.
(Abrahams Wohnung.)
Abraham und Rachel.

Abraham.

Liebe Rachel, ich kann dir nicht sagen, wie froh ich bin, daß wir einmal wieder zu Hause sind. Diese Reise werd ich lange nicht vergessen. Ich begreife nicht, warum die Herrn Offiziers gerade nur mich lächerlich fanden. Die beiden Narren, die den ganzen Weg über mit einander zankten, sind mir viel lächerlicher vorgekommen. Der eine sprach beständig vom Könige und Kaiser, und sah so zerlumpt aus, daß ich für seinen ganzen Anzug nicht 10 Groschen gegeben hätte; der andere war noch weit närrischer — er sprach ganzer Stunden lang, ohne daß ich ihn verstehen konnte. Was sagst du dazu Rachel?

Rachel. Du hast ganz recht lieber Mann! Und gewiß würden sich die Offiziers auch nicht über dich so lustig gemacht haben, wenn du weniger eifersüchtig gewesen wärest.

Abraham. Es steht mir frei über meine Frau zu eifern oder nicht zu eifern. Warum heurathen die Herrn Offiziers nicht selbst, wenn sie auf die Weiber so lüstern sind? — Höre Weib, ich habe heute einen guten Handel vor. Schlägt er ein, so mach ich einen guten Rebach.

Rachel. Wie das?

Abraham. Ich soll 10,000 Fl. herleihn um ein halb Prozent.

Rachel. Bist du ein Narr? zu ein halb Prozent?

Abraham. Versteht sich des Tages.

Rachel. Ah! so laß ichs gelten.

Abraham. 10,000 Fl. zu ein halb Prozent macht täglich 50 Fl.; 50 Fl. täglich macht den Monat 1500 Fl., in einem halben Jahre 9000 Gülden. Bleibt er mir das Kapital nur 3 Jahr schuldig, so hab ich sein ganzes Vermögen. Sie machen sich über meine Person, und ich mich mit ihrem Gelde lustig.

Rachel. Aber kennst du den Herrn auch? hat er Vermögen?

Abraham. Noch kenn ich ihn nicht — das ist mir noch ein Geheimniß. Der Hirschel bringt ihn heute zu mir, und der steht mir auch für ihn.

Rachel. Nimm dich in Acht mein Schatz — bei jeziger Zeit kann man nicht vorsichtig genug seyn; du mußt nicht einem jeden trauen. Wie viele sind nicht schon durch ihr vieles Zutrauen angeführt.

Abraham. Sey ruhig Weib, sey ruhig! Wer mich betrügen will, muß früh aufstehn. A propos Weibel! der junge Offizier wird gewiß zu dir kommen; du mußt ihn nur gleich abweisen.

Rachel. Aber Mann, warum traust du mir denn so wenig?

Abraham. Dir will ich wohl trauen, aber den jungen Offizier trau ich nicht.

Zweiter Auftritt.

Vorige. St. Felix.

St. Felix. Wohnt hier der Jude Abraham?

Abraham. Abraham? Was für ein Abraham?

St. Felix. Abraham Theuer.

Abraham. Theuer? das bin ich, zu Ihren Diensten. Was befehlen Sie?

St. Fe=

St. Felix. Ich habe mit dir allein zu sprechen.

Abraham. Das ist meine Rachel, und ich habe für sie kein Geheimniß. Der gnädige Herr kann sprechen, als ob wir allein wären.

St. Felix. Man hat mir gesagt, daß ich bei dir Geld haben kann.

Abraham. Geld? ich habe keins. Das wenige, was ich habe, ist schon versprochen.

St. Felix. Der dumme Hirschel hat mich also irre geschickt.

Abraham. Was haben sie gesagt gnädiger Herr? Der Hirschel —

St. Felix. Hat mir gesagt, daß du 10,000 Fl. zu verleihen hättest.

Abraham. Also sind Sie der gnädige Herr, der sie haben soll? Ich habe große Freude, Euer Gnaden bei mir zu sehn; es geschieht mir und meinem Hause große Ehre. Rachel, einen Sessel für den gnädigen Herrn.

St. Felix. Ohne Umstände, ohne Umstände! Kann ich das Geld haben?

Abraham. Euer Gnaden verzeihn, Sie wissen schon, daß das nicht so geschwinde gehn kann. Wir müssen erst wissen wie und wann —

St. Felix. Das läßt sich mit zwei Worten abthun. Das Geld ist nicht für mich. Mein Onkel, der Kaufmann Redlich braucht die 10,000 Fl., um einen Wechsel zu bezahlen. Er hat mir die Kommission gegeben, ihm diese Summe auf einen Wechsel von ihm auf 6 Monat aufzutreiben. Er ist sicher und bekannt genug in der Stadt. Ist dir das nicht genug?

Abraham. Euer Gnaden haben die Hauptsache vergessen. Wie viel bekomme ich Interessen?

St. Felix. Wie viel verlangst du?

Abraham. Gnädiger Herr leben! das Geld ist gar rar. Ich habe selbst mehr als die Hälfte leihen müssen.

St. Felix. Mach nur nicht so viel Winkelzüge, ich bitte dich. Kurz und gut, was soll ich dir geben?

Abraham. Euer Gnaden leben, ich will recht billig seyn. Euer Gnaden sollen mir nur geben für die 10,000 Fl. nicht mehr als alle Tage 50 Fl. da geht aber kein Pfennig davon ab.

St. Felix. Bist du toll Jude? wo denkst du hin? 50 Fl. des Tags!

Abraham. Suchen Euer Gnaden das Geld bei die Christen, Sie werden nicht so wohlfeil wegkommen. Glauben Sie mir gnädiger Herr, ich bin der gewissenhafteste Jude in ganz Berlin.

St. Felix. Ja, das muß ich gestehn! (bei Seite) Der macht mir einen schönen Begriff von den übrigen. Mais que faire?

Abraham. Nu gnädiger Herr, was sagen Sie?

St. Felix. Was soll ich sagen? (bei Seite) Ich sage hier heißts: Friß Vogel oder stirb! (laut) Nur her mit dem Gelde, hier ist der Wechsel.

Abraham. (nimmt den Wechsel.) Euer Gnaden können in einer Viertelstunde kommen, das Geld abholen.

St. Felix. Ich werde nicht ausbleiben. Adieu Herr Abraham Theuer! (für sich.) Der Kerl macht seinem Namen Ehre. (geht ab.)

Dritter Auftritt.

Abraham. Rachel.

Abraham. Gut gut Rachel! freu dich, der Vogel ist gefangen! Der junge Herr soll mir die Jopperey bezahlen, die ich gestern habe aushalten müssen. Gott gebe nur, daß der Rittmeister einmal Geld braucht und in meine Klauen kömmt — den will ich zwicken, daß er Abraham Theuer niemals vergessen soll.

Ra=

Rachel. Aber was hat dir denn der arme Rittmeister gethan, daß du so böse auf ihn bist?

Abraham. Bis itzt hoff ich, hat er mir noch nichts gethan; das hab ich aber auch meiner Wachsamkeit allein zu danken, denn an seinen guten Willen hat gewiß nichts gefehlt.

Rachel. Abraham, denk lieber darauf, das Geld abzuzählen. Der junge Herr wird bald hier seyn, es abzuholen,

Abraham, (besieht den Wechsel.) Redlich, der Name ist mir bekannt. Erinnerst du dich Rachel, daß der alte Herr, der mit uns gestern reiste, auch so hieß? dem Namen nach kenn ich ihn schon lange; gesehen aber hab ich ihn gestern zum erstenmal — er ist selten in Berlin. A propos Rachel! es fällt mir etwas bei. Die 10,000 Fl. sind schon abgezählt — ich nehme sie sogleich, und trage sie ihm selbst hin. Er wird eine große Freude haben, daß er nicht lange warten darf. Mit einem solchen Mann muß man behutsam umgehen, denn er kann mir künftig wieder zu verdienen geben.

Rachel. Freilich, freilich, du hast recht. Geh, aber komm bald wieder.

Abraham. Adieu Rachel — denk an mich! Nur keinen Rittmeister.

Rachel. Adieu mein Schatz, sey unbesorgt!

Abraham. Leb wohl mein Herz! leb wohl!

(beide ab)

Vierter Auftritt.

(Redlichs Wohnung.)

St. Felix. Rittmeister.

Rittm. Der Teufel, Freund! Sie wagen viel. Wenn ihr Onkel das erfährt, was wird er dazu sagen?

St. Felix. Pah! meinetwegen mag er sagen, was er will, wenn ich nur das Geld einmal habe. Er wird schimpfen, fluchen, und am Ende bezahlen.

Rittm. Sie verlassen sich sehr auf die Güte Ihres Onkels, wie ich sehe, und sein Zorn kümmert Sie wenig.

St. Felix. Seine eigene Schuld. Warum giebt er mir so wenig? Mit 50 Dukaten monatlich kann ich unmöglich auskommen. Die alten Leute glauben, es geht noch immer so wie vor 50 Jahren. Es wär ihnen gleichgültig, und sie schämten sich gar nicht, wenn wir das ganze Jahr mit einem Rock herum liefen. Das beste bei der Sache ist, daß er in den ersten 6 Monaten nichts von dem Gelde erfährt; und bis dahin ändert sich vieles. Geht der Alte bis dahin nicht zu seinen Vätern über, so muß ich mich nach einem andern Israeliten umsehen.

Rittm. Nehmen Sie mir es nicht übel, ich kann dieses Unternehmen nicht billigen. Ihr Onkel ist in der ganzen Stadt für einen sehr guten Mann bekannt; und vielleicht würde er Ihren Beschwerden abgeholfen haben, wenn Sie sich ihm nur entdeckt hätten.

St. Felix. Vielleicht, vielleicht auch nicht! Itzt ists zu spät. Der Jude hat den Wechsel schon, und ich gehe gleich das Geld abzuholen. (ab)

Rittm. Schönes Muster von einem jungen Menschen. Noch ein solcher Neffe wie der, und Herr Redlich wäre fertig.

Fünfter Auftritt.

Rittmeister. Redlich. Freywell in Uniform.

Redlich. (zu Freywell) Ich bin ordentlich stolz auf Sie junger Mann; ich zweifle, daß Ihnen ein Kleid besser

besser ansteht, als dies. Ah, sieh da Herr Rittmeister! Hier stell ich Jhnen meinen Rekruten vor.

Rittm. Er macht seinem Werber Ehre.

Freywell. Ich bitte um Jhre Freundschaft Herr Rittmeister!

Rittm. Sie können darauf rechnen, daß Sie an mir einen guten Kameraden haben werden.

Redlich. Ich kann ihn nicht genug ansehn. Umarmen Sie mich junger Mann. Fehlt Jhnen nun noch etwas?

Freywell. Nichts als die Gelegenheit Jhnen meine Erkenntlichkeit zu beweisen.

Redlich. Ich werde Jhnen schon eine geben.

Freywell. Dann hab ich nichts mehr zu wünschen.

Sechster Auftritt.

Franz. Vorige.

Franz. Ein Jude ist draussen und verlangt Sie zu sprechen.

Redlich. Was will er?

Franz. Ich weiß es nicht.

Redlich. Er soll kommen. (Franz ab.)

Siebenter Auftritt.

Redlich. Freywell. Rittmeister. Abraham.

Abraham. Unterthänigster Diener gnädiger Herr! Es freut mich Sie bei guter Gesundheit anzutreffen. (bei Seite) Wai mir! der Rittmeister ist schon wieder da.

Redlich. Was bringst du Abraham?

Abraham. Ich hätte nicht geglaubt, daß ich sobald das Glück haben würde, den gnädigen Herrn zu sehn.

Freywell.

Rittm. Nun Abraham, was macht die Frau Rachel?

Abraham. Schon gut, schon gut! Sie ist Gottlob gesund.

Redlich. Was willst du Abraham?

Abraham. Der gnädige Herr spaßen — Sie wissen schon warum ich komme.

Redlich. Ich? ich kanns nicht einmal errathen. Hast du mich nöthig? rede!

Abraham. Gnädiger Herr, ich muß allein mit Ihnen sprechen.

Rittm. Die Kerls machen so viel Umstände.

Freywell. Das ist ihnen schon angeboren.

Redlich. Sprich du nur immer. Das Geheimniß, das wir zusammen haben, können die Herren auch hören.

Abraham. In Gottes Namen. Wenn der gnädige Herr befehlen, so muß ich wohl reden. Ich bringe das verlangte Geld.

Redlich. Bist du närrisch? Was für Geld?

Abraham. Der gnädige Herr haben mich zum besten. Ich bringe die 10,000 Fl., die Ihr Vetter auf Ihren Wechsel von mir begehrt hat.

Redlich. Das ist mir ein Räthsel. Kerl, rede deutlicher.

Rittm. (beiseite) Alle Wetter! die Mine ist gesprengt.

Freywell. (zum Rittmeister) Freund, da muß etwas dahinter stecken.

Rittm. Nur einen Augenblick Geduld. Wir werden gleich mehr Licht bekommen.

Abraham. Die Sache ist klar, hier ist Ihr Wechsel.

Redlich. (besieht den Wechsel) Abscheulich! Wer hat dir den Wechsel gegeben?

Abraham. Ein junger Mensch, der sich für Ihren Neffen ausgab.

Red=

Redlich. Der Niederträchtige! Mich so zu hintergehen! das ist der Lohn für meine Wohlthat.

Freywell. Mäßigen Sie sich! Sie müssen erst die Sache untersuchen.

Redlich. Es bedarf keiner weitern Untersuchung; die Sache spricht von selbst. Hier lesen Sie den Wechsel.

Freywell. Der Schein ist wider ihn, aber —

Redlich. Wem soll man künftig trauen? Von ihm hätt ich es niemals geglaubt.

Freywell. Sie müssen ihn erst hören.

Redlich. Umsonst, umsonst Freund! geben Sie sich keine Mühe ihn zu vertheidigen. Sein Prozeß ist gemacht. Komm mit Abraham, wir wollen die Sache ausmachen. (für sich) Nun versteh ich dich alter Franz!

(ab mit Abraham)

Achter Auftritt.

Freywell. der Rittmeister.

Freywell. Freund, ist ihnen die Sache bekannt?

Rittm. Leider weiß ich darum. Es ist ein lustiger Streich von S. Felix. Er steckt bis über die Ohren in Schulden, wußte keine Mittel mehr Geld aufzutreiben; daher hat er einen falschen Wechsel gemacht. Zufälliger Weise fällt es dem Juden ein, seinen Diensteifer zu zeigen, und statt zu warten, bis der Neffe das Geld abholt, läuft er selbst damit her. Dadurch kommt der Alte hinter die Schliche seines Neffen.

Freywell. Ich bedaure ihn — die Sache kann üble Folgen haben. Der Alte scheint mir sehr aufgebracht zu seyn.

Rittm. Und das mit Recht. Aber auf etwas anders zu kommen. Wie gefällt Ihnen Ihr neuer Stand?

Freywell. Recht gut. Mein größter Wunsch ist nun erfüllt. Sie waren so gütig, mir Ihre Freundschaft anzubieten — ich nehme sie an, und werde mich bei jeder Gelegenheit Ihres Raths bedienen.

Rittm. Ich stehe zu Diensten. Sie sind also gern Soldat?

Freywell. Noch eh ich den Stand zu wählen dachte, hatte ich schon die größte Achtung für ihn.

Rittm. Eben durch diese allgemeine Achtung vergessen wir leicht die kleinen Unannehmlichkeiten, die unser Stand mit sich bringt. Was sind aber alle diese Beschwerden gegen die Vortheile unsers Standes. Unser Kleidung ist einfach, aber eben seine Einfachheit ist seine Pracht. Wir sind überall willkommen, überall geschätzt. Mit Vergnügen betrachtet man einen jeden von uns als einen Vertheidiger des Vaterlandes. Und doch ist das alles nicht mit den Annehmlichkeiten des Krieges zu vergleichen. Da fangen wir erst an zu leben, da fängt unser Schicksal an beneidenswerth zu seyn. Welch ein Glück seinem Könige zu dienen und sein Vaterland zu beschützen! Welche glänzende Aussichten stehen uns bevor! Wir haben Gelegenheit unseren Muth, unsre Tapferkeit zu zeigen, und ein jeder brennt vor Begierde das Ehrenzeichen zu erringen, welches uns in unserm Vaterlande als einen Helden ankündigt: der Tod selbst, dem wir trotzen, und den wir ohne Furcht erwarten, macht uns der Nachwelt unvergeßlich. Betrachten Sie die Opfer des Ruhms: sie sind nicht mehr — aber ihr Name ist unsterblich.

Freywell. Diese Beschreibung macht mir den Stand noch schätzbarer.

Rittm. Aber Freund, es scheint mir doch, es fehlte Ihnen noch etwas. Vertrauen Sie sich mir — ich bin Ihr Freund.

Freywell. Es fehlt mir noch etwas, um der glücklichste aller Menschen zu seyn. Ich liebe.

Rittm.

Ein Lustspiel.

Rittm. Ich gratulire. Und darf man den Gegenstand Ihrer Liebe wissen?

Freywell. O Freund! wenn sie meine Sophie kennten, Sie würden meine Wahl billigen. Vor 4 Jahren machte ich zuerst ihre Bekanntschaft. Sie wohnt mit ihrer Tante an den nämlichen Ort, wo sich meine Eltern itzt aufhalten. Es ist unmöglich sie zu sehen und nicht zu lieben. Sie ist eben so schön als tugendhaft. Ihre Tante und sie erlaubten mir, sie in ihrer Einsamkeit zu besuchen. Anfangs war es blos ein Freundschaftsbesuch — nach und nach hat sich diese Freundschaft in die zärtlichste Liebe verwandelt. Sie sah mich gern, und ich konnte keinen Tag vorüber gehn lassen, ohne sie zu sprechen, und sie meiner Liebe zu versichern.

Rittm. Und was sagte die Tante dazu?

Freywell. Sie war es zufrieden, daß wir uns liebten, bedauerte aber, daß sie unsere Liebe nicht unterstützen könnte, weil Sophie blos von ihrem Vater abhängt.

Rittm. Und wer ist ihr Vater?

Freywell. Das weiß ich nicht. Sophie hatte niemals das Glück ihre Mutter zu sehen; sie starb, als Sophie das Licht erblickte; ihre Erziehung ward ihrer Tante anvertraut, weil ihr Vater zu viel Geschäfte hat. Er soll sehr reich seyn. Wird er seine Tochter einem Manne ohne Vermögen geben?

Rittm. Sie sind zu bedauern Freund. Auf die Art werden Sie ihr Mädchen schwerlich bekommen. Der Alte wird wohl eine Heurath nach der Mode machen wollen, und von seinem Schwiegersohne doppelt so viel verlangen, als er seiner Tochter giebt; dans le siecle ou nous sommes, on ne permet plus au coeur de faire le contract de mariage. Adieu Freund, auf baldiges Wiedersehen! (ab.)

Neunter Auftritt.

Freywell allein.

Ach leider hat der Rittmeister recht! Jetzt wiegt jeder Vater das Verdienst seines Schwiegersohnes nach Dukaten! — Was wird Sophie von meiner plötzlichen Entfernung sagen? wird sie mich nicht für untreu halten? O Sophie! Sophie! ich liebe dich mehr als mein Leben. Nur die Begierde das Elend meiner Eltern zu lindern konnte mich dir entreissen. Du hättest eben das für deine Eltern gethan, und ich wäre deiner nicht würdig, wenn ich weniger gethan hätte. Sophie! Der Gedanke dich zu besitzen, unterdrückt jeden andern Wunsch in meiner Seele. Aber was höre ich.

Zehnter Auftritt.

Franz. St. Felix. Freywell.

Franz. Nun, hab ichs Ihnen nicht gesagt? Der Krug geht so lange zu Wasser bis er bricht. Was haben Sie wieder angestellt? Ihr Onkel ist entsetzlich aufgebracht.

St. Felix. Laß mich ungeschoren mit deiner Predigt! (für sich) Wie Teufel hat mein Onkel das entdeckt? Ich kann nicht klug daraus werden.

Franz. So sind die jungen Herren! sagt man etwas zu ihrem besten, so nennen sie das predigen.

St. Felix. Wüßt ich nur den Schurken, der mich verrathen hat, es sollte ihn theuer zu stehen kommen.

Freywell. Freund, itzt ist nicht Zeit zu untersuchen, wie die Sache zusammenhängt. Sie müssen Ihren Onkel zu besänftigen suchen. Ich werde Sie mit allen mei=

meinen Kräften unterstützen. Ihr Onkel ist die Güte selbst. Geben Sie ihm nur gute Worte.

Franz. Die sind ihm immer zu Gebot. Versprechen wird er genug; ob er aber halten wird, das ist die Frage.

St. Felix. Ich zerbreche mir den Kopf und kann nicht dahinter kommen, wie mein Onkel das sobald erfahren hat. Er muß einen Dämon zum Zuträger haben. Der Rittmeister ist der Einzige, dem ich mich vertraut habe. Sollte er wohl der Verräther seyn?

Freywell. Was sagen Sie? der Rittmeister? unmöglich, unmöglich! Er ist ein Mann von Ehre.

St. Felix. Mein Projekt hatte nicht seinen Beifall; noch mehr, er nahm meines Onkels Partie und gab mir den Rath, meine Zuflucht zu ihm zu nehmen, und mich ihm zu entdecken. Und gewiß hat er es verrathen, weil ich nicht seiner Meinung war.

Freywell. Sie sind sehr unbillig. Sie müssen sich eine bessere Idee von einem Officier machen. Der Rittmeister ist keiner Niederträchtigkeit fähig. Ich will es Ihnen sagen wie die Sache —

St. Felix. Umsonst! Mich überreden Sie nicht. Den Augenblick such ich den Rittmeister auf; er soll mir Genugthuung geben.

Freywell. Mäßigen Sie sich, und hören Sie mich erst. Der Rittmeister wird Ihnen immer Rede stehn. Er ist bei meiner Ehre unschuldig, denken Sie Lieber darauf, was Sie ihrem Onkel sagen wollen, wenn er sie rufen läßt.

Franz. Das ist auch mein Rath. Ihr Onkel wird gleich hier seyn.

Eilf-

Eilfter Auftritt.

Vorige. Abraham.

Abraham. (tritt schnell herein) Mein Seel, das war ein guter Einfall von mir, daß ich das Geld selbst gebracht habe.

Freywell. Itzt wird sich das Räthsel lösen.

St. Felix. Was machst du hier Schurke?

Franz. Ist dies des Herrn sein Beiname?

Abraham. Ich bin kein Schurke. Ist das schön von Ihnen gehandelt, gnädiger Herr, den armen Abraham um 10,000 fl. zu prellen?

St. Felix. Warum warst du nicht zu Hause?

Abraham. Das war mein Glück. Ich habe wollen Ihrem Onkel eine Freude machen und ihm selbst das Geld bringen; o wai mir! da muß ich erfahren, daß er den Wechsel nicht geschrieben hat.

St. Felix. Also hast du mich verrathen Schurke? (zieht den Degen) das sollst du mit deinem Leben bezahlen.

(Freywell hält ihn)

Abraham. (verkriecht sich hinter Franz) Wai mir! wai mir!

Freywell Was machen Sie Freund?

St. Felix. Der Kerl hat mich unglücklich gemacht, ich muß ihn umbringen.

Abraham. (knieend) Aber gnädiger Herr, ich bitt um alles in der Welt! was hab ich Ihnen gethan?

Franz. Schön gesagt! Weil er ihn nicht ums Geld prellen konnte, will er ihn ums Leben bringen.

St. Felix. (zu Freywell) Lassen Sie mich! Er muß sterben.

Abraham. O wai mir armen Abraham! wie komm ich da weg? das ist noch weit ärger als gestern.

Ein Lustspiel.

Zwölfter Auftritt.

Vorige. Redlich.

Redlich. Was giebts hier? Was ist das für ein Lärm? Was seh ich? Abraham, was soll das? was machst du?

Abraham. Ihr Neffe will mich ohne Arzt in die andere Welt schicken.

Redlich. Geh Abraham! (Abraham ab) zu St. Felix) Schämen Sie sich! Ist das eine Aufführung? Ist das der Lohn für meine Güte?

St. Felix. Verzeihen Sie mir, das soll das letztemal seyn, daß ich Ihnen Ursache gebe, sich über mich zu beklagen.

Redlich. Sie kennen mich, Jugendstreiche vergeb ich gern; wo aber die Ehre mit ins Spiel kommt, da versteh ich keinen Scherz. Der eines solchen Streiches fähig ist, der ist zu allem fähig.

Freywell. Ich vereinige meine Bitte mit der seinigen. Vergeben Sie ihm noch diesmal.

Redlich. Ich kann nicht; Sie haben Ihre Pflicht als Freund erfüllt; itzt muß ich die meinige thun. Aus Achtung für Sie wollt ich ihm noch den ersten Streich vergeben, aber der letzte ist unverzeihlich! Einem Menschen das Leben nehmen zu wollen, und das in meinem Hause! das verdient Züchtigung.

Freywell. Es war ein wenig voreilig, ich gestehe es, aber —

Redlich. Umsonst Freund, geben Sie sich keine Mühe, ich bin unerbittlich.

St. Felix. Wenn ich Ihnen nun aber zuschwöre —

Redlich. Still! ich glaube Ihren Schwüren nicht mehr. Ihr Maas ist voll. Hören Sie! Sie sind nicht mein Neffe.

Frey=

Freywell. Was hör ich?

Redlich. Vor 16 Jahren, als ich in meinen Geschäften eine Reise machen mußte, sah ich Sie zum erstenmal in Brandenburg. Sie gefielen mir; ich erkundigte mich näher nach Ihnen und erfuhr, daß Sie ein elternloses Kind wären, das von der Güte des Wirths lebte. Ich nahm Sie zu mir, gab Sie für meinen Neffen aus, und ließ Sie als meinen eigenen Sohn erziehen. Ich hätte noch mehr für Sie gethan, Sie haben aber durch Ihre schlechte Aufführung und besonders durch den heutigen Streich alle meine guten Absichten zernichtet. Sie haben sich Ihr künftiges Schicksal selbst zu danken. Gehn Sie! ich mag nichts mehr von Ihnen wissen. Und vergessen Sie, daß ich einst die Schwachheit hatte, mich für Ihren Onkel auszugeben. (St. Felix ab.)

Freywell. Die Strafe ist zu hart; was soll er jetzt ohne Hülfe anfangen?

Redlich. Was er will.

Freywell. Verlassen Sie ihn nicht ganz.

Redlich. Ich will nichts mehr von ihm wissen. Er hat meine Geduld zu lange gemißbraucht.

Freywell. Ich bitte für ihn. Er muß verzweifeln, wenn Sie Ihre Hand ganz von ihm abziehen.

Redlich. Gute Seele! o St. Felix! warum denkst du nicht auch so!

Franz. Auch ich bitte für ihn; helfen sie ihm!

Redlich. Ich kann euren Bitten nicht widerstehen. Alles, was er von mir bekommen hat, soll er mitnehmen. Noch mehr, ich will ihm jährlich 200 Thaler geben. Dadurch wird er vor allen Mangel geschützt; und nun bitt ich euch keine Einwendungen mehr zu machen. Kommen Sie Freund, ich hab Ihnen etwas zu sagen.

(Beide ab.)

Franz. (allein) Das ist das Ende aller jungen Leute, die Ihrem Kopfe folgen. Nun mag er dafür büßen. Wie man sich bettet, so schläft man. (ab).

Vierter Aufzug.

Erster Auftritt.

Redlich und Franz.

Redlich.

Franz!

Franz. Was befehlen Sie?

Redlich. Ich habe einen guten Einfall.

Franz. Das glaub ich gern, denn sie haben noch nie einen schlechten gehabt.

Redlich. Wie gefällt dir der junge Freywell?

Franz. Mir? sehr gut. Es ist ein wohlerzogener junger Mann.

Redlich. Er verdient glücklich zu seyn; was meinst du?

Franz. Ich bin Ihrer Meinung.

Redlich. O Franz! wenn du wüßtest, wie edel er denkt. Hör einmal! Er verließ gestern sein väterliches Haus, und kam hieher um angestellt zu werden. Und weißt du warum.

Franz. Vermuthlich sich einen Namen in der Welt zu machen.

Redlich. Du irrst dich; sein Endzweck war seine arme Eltern zu unterstützen.

Franz. Das sieht ihm gleich. Es giebt doch noch Leute, welche der Menschheit Ehre machen.

Redlich. Ich war so glücklich ihm eine Offiziersstelle zu verschaffen.

Franz.

Franz. Da haben Sie ein gutes Werk gethan. Sie werden nicht Ursachen haben, es zu bereuen.

Redlich. Das ist noch nicht alles. Ich bin willens noch mehr für ihn zu thun.

Franz. Was denn?

Redlich. Komm näher Franz; ich will dir mein Herz eröfnen. Der junge Mensch intressirt mich mehr, als du denkst. Hör also, wozu ich mich entschlossen habe. Du weißt, wie sehr mir das Glück meiner Tochter am Herzen liegt. Sie ist jung und schön; und nach der Beschreibung, die man mir von ihr gemacht, fehlt es ihr auch nicht an guten Eigenschaften. Ich habe sie auf dem Lande erziehen lassen, denn die Stadterziehung gefällt mir nicht: der Luxus ist zu groß; meine Tochter hätte nur zu bald erfahren, daß sie reich ist, und dadurch ihren Stand vergessen. Und das soll nicht seyn. Ein jeder soll leben wie es sein Stand mit sich bringt. Ich hoffe ihr Herz ist noch frey, und Freywell wäre meiner Meinung nach ein Mann für sie. Was sagst du dazu Franz?

Franz. Ich denke, daß es kein übles Paar wäre. Eins ist des andern würdig.

Redlich. Brav Franz! brav! Ich kann dir nicht sagen, wie sehr ich mich auf die Aussichten einer glücklichen Zukunft freue. Meine Tochter wird Kinder zur Welt bringen, die ihren Eltern an Tugenden gleichen, ich werde Großvater seyn! Und ist es nicht die Pflicht eines jeden rechtschaffenen Mannes, seinem Vaterlande gute Bürger zu geben?

Franz. O Sie lieber, lieber Herr! Gott gebe doch daß der alte Franz auch diese Freude erlebt.

Redlich. Geh, sag Freywell'n, daß ich ihn sprechen will.

Franz. Sogleich, sogleich! (ab.)

Zweiter Auftritt.

Redlich. (allein.)

Bis itzt war mir das Glück noch immer günstig. Alle meine Unternehmungen sind nach Wunsch ausgefallen. Gelingt nur auch mein heutiges Vorhaben, welches mir vor allem andern am Herzen liegt, so hab ich nichts mehr zu wünschen. Ich versorge meine Tochter, bekomme einen braven Schwiegersohn, räche Freywell an seinem ungerechten Schicksal, belohne die Tugend und mache zwei Menschen glücklich. Noch nie hab ich den Werth des Reichthums mehr geschätzt, als in diesem Augenblick.

Dritter Auftritt.

Redlich. Freywell.

Freywell. Sie haben mich rufen lassen, was steht zu Ihren Diensten?

Redlich. Setzen Sie sich zu mir! — Ich habe Sie rufen lassen, um mit Ihnen von einer Sach zu sprechen, die für uns beide von der größten Wichtigkeit ist. Sie haben nun Gelegenheit mir Ihre Erkenntlichkeit zu beweisen.

Freywell. Befehlen Sie mit mir. Ich werde mir alle Mühe geben, mich dieser Verbindlichkeit zu entledigen.

Redlich. Ich will Sie glücklich machen.

Freywell. Mein Schicksal ist in Ihren Händen.

Redlich. Also mit zwei Worten: Ich habe eine Tochter. Als Vater kann ich ihr keine Lobrede halten. Ich danke aber täglich dem Himmel, daß sie meine Tochter ist. Sie ist 18 Jahr alt; ich muß ihr also einen Mann geben, und der Mann — sind Sie.

Freywell. Großmüthiger Mann!

Redlich. Still, still! keinen Dank! 40,000 Fl. Einkünfte, und ein hübsches Mädchen — was sagen Sie dazu?

Freywell, (für sich) O Gott! Sophie! Sophie! (laut) Erlauben Sie mir —

Redlich. Ich erlaube nichts. Sie sind mir nichts schuldig, denn Sie machen mich und meine Tochter glücklich. Umarme mich mein Sohn!

Freywell. (bei Seite). In diesem Augenblicke ist mir seine Wohlthat eine große Last! Mir bleibt nur die Wahl undankbar oder untreu zu seyn.

Redlich. Nun, was haben sie noch zu erinnern? Ich habe Ihnen schon gesagt, daß ich keinen Dank verlange. Meine Tochter kommt heute noch vom Lande hier an. Höchstens in 8 Tagen müssen Sie mich zum glücklichsten aller Väter machen.

Freywell. Nur ein Wort —

Redlich. Nichts, nichts! Sie müssen mein Schwiegersohn seyn und damit basta.

Freywell. Hören Sie mich doch!

Redlich. Nun?

Freywell. Ich würde Ihre Güte mißbrauchen, wenn ich diesen Antrag annähme. Sie müssen alles erfahren.

Redlich. Was soll ich erfahren?

Freywell. Mein Herz ist nicht mehr frey — ich liebe!

Redlich. Was sagen Sie?

Freywell. Ich liebe ein Mädchen — ich werde wieder geliebt — verlangen sie nicht von mir, daß ich eine Untreue begehe.

Redlich. Junger Mann! besinnen Sie sich eines bessern! 40,000 Fl. Einkünfte und ein hübsches Mädchen.

Freywell. Das ist viel, sehr viel! aber ich habe mein Wort gegeben.

Redlich.

Redlich. Das thut mir leid! Aber noch einmal junger Mann, überlegen Sie meinen Antrag. Ich wünschte Sie glücklich zu machen; itzt laß ich Sie allein. Bedenken Sie, daß von ihrem Entschluße Ihr Glück und meine Ruhe abhängt. (ab.)

Vierter Auftritt.

Freywell. (allein.)

O Schicksal! wirst du nicht aufhören mich zu verfolgen? Ich glaubte mein Unglück hätte ein Ende, und meine Lage war nie trauriger als itzt. Undankbar oder treulos! Eine schwere Wahl! — Aber die Zeit ist kurz; ich muß mich entschliessen. — Wohl! Es ist entschieden! Ich bringe dir das Opfer Sophie! Du bist mir theurer als mein Leben! — Und doch möcht ich nicht gern undankbar seyn! — Es bleibt mir nichts übrig als noch einen Versuch zu machen; schlägt mir auch der fehl, so muß ich Berlin verlassen.

Fünfter Auftritt.

Freywell. Rittmeister.

Freywell. O Freund, Freund! ich bin in der schrecklichsten Lage in der Welt.
Rittm. Wie das?
Freywell. Ich bin verloren!
Rittm. Zur Sache! zur Sache!
Freywell. Mein Freund Redlich, dem ich alles zu danken habe, der für mich alles gethan hat, will mir seine Tochter und 40,000 Fl. Einkünfte geben.

Rittm. Darin find ich nichts trauriges. Ich wollte, daß mir dieß Unglück begegnet wäre. Aber beinah errath ich es. Sie ist gewiß nicht hübsch.

Freywell. Noch hab ich sie nicht gesehen und will sie auch nicht sehen, denn ich kann sie nicht heurathen.

Rittm. Heurathen Sie Freund! auf mein Wort, heurathen Sie! 40,000 Fl. Einkünfte findet man nicht alle Tage.

Freywell. Haben Sie vergessen, daß ich schon liebe? Sophie ist mir ohne Vermögen lieber, als die schönste und reichste Partie von Berlin.

Rittm. Romanen Liebe! — Wär ich an ihrer Stelle, ich nähme die 40,000 Fl.

Freywell. Geld ist das lezte, was ich von meiner künftigen Frau verlange; nie wird mich Eigennuz blenden; ich will ein Mädchen ohne Vermögen, liebevoll und gut, die Leid und Freud mit mir theilt, die mit dem wenigen zufrieden ist, das ich ihr bringe, und sich in meinem Besitze glücklich dünkt — und dies Mädchen ist Sophie!

Rittm. Nun wenn das ist, so sagen sie ihm frei heraus, Sie könnten seine Tochter nicht heurathen.

Freywell. Das habe ich ihm schon gesagt; er glaubt es aber nicht, daß man ein solches Anerbiethen ausschlagen könne.

Rittm. Kommen Sie Freund! Sie haben Zerstreuung nöthig. (beide ab.)

Sechster Auftritt.

Redlich. (allein.)

Ein junges Mädchen mit 40,000 Fl. Einkünfte auszuschlagen, das ist zu viel, das begreife ich nicht! — Bei alle dem muß ich gestehn, daß mir diese Treue für sein Mädchen gefällt. Ich wünschte meiner Tochter einen sol-

solchen Liebhaber; aber leider giebt es wenige, die so denken. Ich gebe doch nicht alle Hoffnung auf! vielleicht —

Siebenter Auftritt.

Franz. Redlich.

Franz. Freuen Sie sich! freuen Sie sich! ihre Tochter ist angekommen.
Redlich. Wo ist sie? wo ist sie?
Franz. Hier! (öfnet die Thür.)

Achter Auftritt.

Vorige. Sophie. Madam Müller.

Redlich. Ihr kommt erwünscht. Ihr habt euch brav gefödert.
Sophie. Und doch konnt ich den Augenblick nicht erwarten, meinen lieben Vater wieder zu sehen.
M. Müller. Bald sollt ich auf dich böse seyn lie ber Bruder; du hast uns lange nicht besucht.
Redlich. Meine Geschäfte haben es nicht zugelassen. Nun Sophie; du bist so groß geworden, daß ich dich kaum wieder kenne. Freue dich! ich habe dir angenehme Dinge zu sagen.
Sophie. Mein guter Vater!
M. Müller. Was hast du denn auf dem Tapet?
Redlich. Ihr bleibt künftig bei mir. — Nun, ist dir das nicht recht Sophie?
Sophie. (betroffen) O ja lieber Vater! (beyseite) Himmel! ich bin verloren!
M. Müller. Es ist wohl einmal Zeit, daß wir das Land verlassen.

Redlich. Das ist noch nicht alles! Rath einmal Sophie, was ich für dich thun will.

Sophie. Ich kann es nicht errathen mein Vater.

Redlich. Und du Schwester?

M. Müller. Ich eben so wenig.

Redlich. (nimmt beyde an der Hand, zu Sophien) Ich will dir einen Mann geben. Er ist jung und brav; ich zweifle gar nicht, daß er dir gefallen wird.

Sophie. Aber bester Vater! kaum hab ich sie gesehen, und ich soll sie schon wieder verlieren.

M. Müller. Nun, nun Sophie! die Sache wird keine Eile haben; dein Vater wird dir wohl Zeit zur Ueberlegung geben.

Redlich. Nicht viel; und ich wette, wenn du deinen Bräutigam sähest, du würdest keine Zeit zum Ueberlegen verlangen. Mich wundert's daß er noch nicht da ist, aber er kann nicht lange mehr ausbleiben. Geh izt auf dein Zimmer: ich werde dich schon wieder rufen lassen. (Sophie und Franz ab)

Neunter Auftritt.

Redlich. M. Müller.

Redlich. Schwester, dahinter steckt etwas, das ich nicht begreife. Das Mädchen ist schüchtern, zurückhaltend, und bezeugt nicht die mindeste Freude bey einer Sache, nach welcher so viele hundert seufzen.

M. Müller. Es giebt zuweilen gewisse Umstände, die —

Redlich. Und darf man die gewissen Umstände erfahren?

M. Müller. Das Räthsel ist mit zwei Worten aufgelöst. Deine Tochter ist verliebt.

Redlich. Verliebt?

M. Müller.

M. Müller. Ja, sie liebt und wird wieder geliebt.

Redlich. Das ist mir nicht lieb; denn ich glaubte den Mann gefunden zu haben, der sie glücklich machen sollte. Indessen, wenn sie gut gewählt hat, und er ihr gefällt, so hab ich nichts dawider.

M. Müller. Sie ist deine Tochter, ich habe sie erzogen. Sie wird nicht vergessen, daß ihre Wahl von ihrem Vater abhängt.

Redlich. Behüte der Himmel, daß ich einen so übeln Gebrauch von der väterlichen Gewalt machte. Hast du vergessen Schwester, daß meine Tochter heurathen soll, und nicht ich?

M. Müller. Wenn du so denkst Bruder, so muß ich dir sagen, deine Tochter hat nach meiner Meinung gar nicht schlecht gewählt.

Redlich. Das freut mich! Du bist also die Vertraute?

M. Müller. Deine Tochter hat für mich keine Geheimnisse.

Redlich. Nun ihr werdet mich doch mit meinem künftigen Schwiegersohne bekannt machen? Wer ist er? Wie heißt er?

M. Müller. Der junge Graf Freywell.

Redlich. (erstaunt) Was sagst du? Freywell?

M. Müller. Ja. Er wohnt an dem nemlichen Orte, und ist schon vier Jahr mit ihr bekannt.

Redlich. Und was sagte er denn zu eurer Abreise?

M. Müller. Er weiß nichts davon. Gestern früh ist er weggereißt, und wir wissen nicht wohin.

Redlich. Vielleicht ist er ihrer überdrüssig. Vier Jahre lieben, ist keine Kleinigkeit.

M. Müller. Das sieht ihm nicht gleich.

Redlich. Weißt du was? Geh zu meiner Tochter, und such von ihr zu erfahren, was sie von meinem Antrag denkt; ich werde gleich nachkommen.

(M. Müller geht ab.)

Zehnter Auftritt.

Redlich. (allein.)

Herrlich! Die Sache hat eine bessere Wendung genommen, als ich glaubte. Ich sann hin und her, wie ich Freywell zu meinem Schwiegersohn machen sollte, und meine Tochter hat mir die Mühe erspart. So zerbrechen wir arme Sterbliche uns öfters mit Dingen den Kopf, die die weise Vorsicht schon längst zu unserm Beßten geordnet. Franz! Franz!

Eilfter Auftritt.

Redlich. Franz.

Franz. Was befehlen Sie?
Redlich. Freu dich Franz! Alles geht nach Wunsch.
Franz. Gott sey Dank!
Redlich. Freywell wird mein Schwiegersohn.
Franz. Wie das?
Redlich. Höre, was der Zufall gemacht hat. Ich erkundigte mich bey meiner Schwester, warum meine Tochter über meinen Antrag, ihr einen Mann zu geben, so wenig Freude bezeigte, und diese entdeckt mir, daß sie schon liebt.
Franz. Das wäre!
Redlich. Ich frage nach ihrem Liebhaber — und was glaubst du wohl Franz, wer es seyn könnte?

Franz.

Franz. Das ist ein schweres Räthsel.

Redlich. Freywell!

Franz. Unser Freywell?

Redlich. Ja, der nemliche, welcher bei mir im Hause ist; ohne daß meine Tochter darum weiß, der nemliche, der seine Geliebte gestern aus Liebe für seine Eltern verließ, der nemliche, der meine Tochter mit 40,000 Fl. ausschlug, um seinem Mädchen nicht untreu zu werden: Ist das nicht sonderbar?

Franz. Ich kann mich kaum von meinem Erstaunen erholen. Aber erlauben Sie mir zu fragen, wie kömmts, daß Freywell nicht weiß, daß er bei dem Vater seiner Geliebten im Hause ist?

Redlich. Wie sollte er es erfahren haben?

Franz. Von Ihrer Tochter. Liebende haben kein Geheimniß für einander.

Redlich. Ich bin ihnen zuvor gekommen. Ich wollte nicht, daß man wissen sollte, daß Sophie meine Tochter ist. Ihr großes Vermögen hätte ihr eine Menge Liebhaber verschafft, die meiner Tochter nicht ihrer selbst willen, sondern ihres Vermögens wegen die Kur gemacht hätten. Ich habe also den Namen Redlich gleich bei meiner Ankunft in Berlin angenommen, und meine Tochter unter meinem rechten Namen Müller auf dem Lande erziehen lassen. Meine Schwester ist die einzige, die um dies Geheimniß weiß. Ich habe sie gebeten, mich nicht zu verrathen, selbst Sophien nichts davon zu sagen. Wenn also meine Tochter ihrem Liebhaber meinen rechten Namen genannt hat, so ist es sehr begreiflich, daß er mich nicht für den Vater hält.

Franz. Und was soll denn nun am Ende geschehen?

Redlich. Ich will sie beide ein wenig quälen, und mich auf ihre Kosten lustig machen. Geh du izt ins Vorzimmer, Franz, und wenn ich huste, so laß meine Tochter zu mir kommen.

Franz.

Franz. Gut, gut. (ab).

Redlich. Geh, und gieb auf das Signal acht.

Zwölfter Auftritt.

Redlich, hernach Freywell.

Redlich. Izt wünscht ich nur, daß Freywell käme, eh er erfährt, daß meine Tochter hier ist. Ha! eben recht! Nun, junger Mann? Haben sie einen Entschluß gefaßt?

Freywell. Ja!

Redlich. Brav! also nehmen Sie meine Tochter?

Freywell. Nein, ich kann nicht.

Redlich. Das glaub ich nicht. Meine Tochter ist vor einer Stunde angekommen; sie wird sie gewiß auf andere Gedanken bringen.

Freywell. Ihre Tochter ist schön, liebenswürdig, hat ein gutes Herz, ich zweifle nicht daran; das alles kann mich aber nicht untreu machen.

Redlich. Also ist das ihr letzter Entschluß?

Freywell. Ja, seyn Sie versichert, daß ich alles auf der Welt gethan hätte, wenn Sie einen andern Beweis meiner Erkenntlichkeit begehrt hätten.

Redlich. Also, sie wollen meine Tochter nicht?

Freywell. Ich kann nicht! O wenn Sie meine Sophie kenneten, Sie wären gewiß der erste, der mich bereden würde, ihr getreu zu bleiben.

Redlich (hustet). Ich bin neugierig, sie kennen zu lernen. Werden sie bald heurathen? Sie werden mich doch auch zur Hochzeit bitten?

Freywell. Noch hab ich wenig Hoffnung dazu. Sie hängt von einem reichen Vater ab, und ich bin ohne Vermögen.

Redlich. Sein Name?

Freywell. Müller.

Ein Lustspiel.

Redlich. Müller? Das ist mein beßter Freund! Wir sehen uns täglich, und nehmen nichts vor, ohne einander zu Rathe zu ziehen.

Freywell. Wenn das ist, so könnten Sie mich glücklich machen.

Redlich. Wodurch?

Freywell. Sie könnten zu meinem Beßten reden, und meine Liebe unterstützen.

Redlich. Aber was denken Sie? Sie schlagen meine Tochter aus, und verlangen, daß ich ihr Freywerber seyn soll. Das ist zu viel begehrt.

Freywell. Sie sind so gütig; Sie haben für mich so viel gethan. Nehmen Sie sich auch izt meiner an. Schaffen Sie mir Sophien, so bin ich der Glücklichste aller Sterblichen. Ich werde Ihnen alles zu danken haben.

Redlich. Wie der junge Herr in Feuer kommt, wenn er von seiner Geliebten spricht! Wissen Sie was, ich will mit ihrem Schwiegerpapa sprechen. Er hat mir viel zu danken, und wird mirs gewiß nicht abschlagen. Sie sollen Sophien haben, so wahr Ihr künftiger Vater Müller heißt.

Freywell. O Freund! was werd ich Ihnen nicht alles zu danken haben!

Redlich. Ha! gut! da kommt meine Tochter.

Dreizehnter Auftritt.

Vorige. Sophie. M. Müller. Franz.

Sophie. Meine liebe Tante! das ist mir nicht möglich! entweder Karl, oder keinen Menschen auf der Welt.

Freywell. Gott! seh ich recht? Sophie!

Sophie. Sie wollen mich glücklich machen, mein Vater! ich kann nicht glücklich seyn ohne meinen Karl!

Zwin-

zwingen Sie mich nicht, einem andern meine Hand zu geben.

Redlich. Sey ruhig, Sophie! Du hätteſt nicht nöthig gehabt, dich ſo zu ſträuben; denn der Mann, den ich dir beſtimmte, mag dich nicht. Nicht wahr, Graf Freywell?

Sophie. Himmel! Freywell.
Freywell. Meine Sophie!
Sophie. Lieber Vater!
Freywell. Beßter Freund!
M. Müller. Ich falle aus den Wolken! Freywell!
Franz. Das iſt eine Freude!

Redlich. Nun Kinder! ich will euch nicht länger im Zweifel laſſen. Kommt, und hört mich an! (zu Freywell) Mein Name iſt Müller. Ich liebte Ihre Mutter aufs zärtlichſte, und hätte ſie geheurathet, wenn ſie mir nicht aus übel verſtandenen Ehrgeiz Ihren Vater vorgezogen hätte. Ich habe mich nach der Hand verheurathet. Einige Jahre nach Ihrer (zu Freywell) Geburt wurde ich Vater von meiner Sophie. Ihr Großvater, der mein beſter Freund war, bat mich noch auf ſeinem Sterbebette, ſeine Tochter aus dem Elend zu reiſſen, und meine Sophie ſeinem Enkel zu geben. Ich verſprach es ihm. Seit vielen Jahren konnt ich den Aufenthalt Ihres Vaters nicht erfahren, bis ich Sie geſtern im Poſtwagen antraf. Sie gefielen mir in dem erſten Augenblicke, und wie groß war meine Freude, als ich in Ihnen den Enkel meines Freundes erkannte! Ich beſchloß gleich Ihnen meine Tochter zu geben.

M. Müller. Sonderbar, ſehr ſonderbar!

Redlich. Ihre treue Liebe gefiel mir; aber noch mehr als ich erfuhr, daß meine Tochter der Gegenſtand ſey. Sie haben Sophien ihrer ſelbſt willen geliebt. Jetzt ſollen Sie ſie haben, und mein halbes Vermögen dazu.

Sophie und Freywell. Liebſter, beſter Vater!

Red=

Redlich. Sophie! meine Absicht war dich glücklich zu machen. Ich glaubte durch Freywell meinen Zweck erreicht zu haben. Lebt glücklich, Kinder! Nehmet meinen Segen! Morgen wollen wir zu deinen Eltern, und da sollst du Sophien aus ihren Händen zum Lohn deiner kindlichen Liebe erhalten.